Winhold Schumann

Seehund Susi

Rettung eines Heulers

Landbuch Verlag

Urlaub am Meer – was kann es Schöneres geben?

Vielleicht bist Du gerade mit Deinen Eltern an der Nordsee oder mit Deiner Klasse oder alleine, wenn Du schon älter bist – dann weißt Du, wovon ich rede: Stundenlang am Strand entlanglaufen,
die Wellen hören und die Schreie der Möwen,
die salzige Luft riechen und schmecken,
im Sand buddeln,
Muscheln suchen oder Seesterne,
auf einer Luftmatratze auf dem Wasser dümpeln
(mit Schwimmweste, klar doch),
Drachen steigen lassen
oder einfach faul am Strand liegen und sich von der Sonne bräunen lassen ...
all das gehört zum Traumurlaub am Meer.

Natürlich gibt es manchmal auch schlechtes Wetter: es regnet und regnet, der Himmel hängt ganz tief und ist grau in grau, der Wind bläst Dich um, wenn Du auf dem Deich stehst. Du hältst es nur eine Weile draußen aus, wenn Du Deine gelbe Regenjacke den – „Friesennerz“ – anziehst.

So macht es auf Dauer natürlich keinen Spaß – aber keine Sorge, plötzlich kann der Himmel wieder aufklaren, die Sonne kommt durch – man sieht vielleicht einen Regenbogen –, und dann hört der Regen auf, und die See beruhigt sich …

Wechselhaft ist er nun einmal, solch ein Urlaub am Meer – oder „abwechslungsreich“, könnte man auch sagen, je nachdem, wie man es betrachtet.

Typisch ist auch der Wechsel zwischen „wenig Wasser“ und „viel Wasser“, zwischen Ebbe und Flut, wie die Leute an der See es nennen.

Wer das zum ersten Mal erlebt, ist total verblüfft: Alle zwölf Stunden etwa ist das Wasser, soweit man sehen kann, völlig verschwunden.

Der nasse Sand liegt dann frei: das sogenannte „Watt“; erstaunlich fest ist der Wattboden stellenweise, man kann darauf herumlaufen, man kann – mit einem Führer, der sich auskennt – richtige Wattwanderungen machen.

Zahllose Vögel (manchmal riesige Schwärme) suchen sich im Watt etwas zum Fressen, stochern mit dem Schnabel im feuchten Boden und ziehen Würmer heraus.

Watt kann man übrigens nur an der Nordsee erleben, an der Ostsee gibt es das so nicht.

Aber Wasser gibt es auch im Watt – kleine oder große Flüsse, die Priele. Durch sie läuft das Wasser ab, wenn Ebbe entsteht, durch sie läuft es wieder ein, wenn die Flut kommt.

Und Boote oder Schiffe können durch die Priele fahren, zum Beispiel zu einer Insel.

Hast Du schon eine Schiffahrt gemacht bei Deinem Urlaub am Meer? Oder bist Du vielleicht sogar mit einem Schiff zu einer Nordseeinsel gekommen, um dort Deine Ferien zu verbringen?

Wenn Du Glück gehabt hast, hast Du dabei vielleicht sogar auf einer Sandbank einen stromlinienförmigen Fleck gesehen – vorne rund und hinten spitz –, der sich plötzlich bewegt hat, ein größeres Tier also offensichtlich.

Du hast vielleicht ein Fernglas mitgehabt, oder jemand hat Dir eines geliehen, und dann hast Du es genau gesehen: Da ist ein Seehund!

Nicht nur einer, drei, nein fünf liegen dort zusammen und heben jetzt unruhig den Kopf, weil sie sich gestört fühlen.

Wenn sie sich auf dem Sand oder Watt weiterbewegen, dann „robben“ sie, rutschen und schieben sich auf dem Bauch vorwärts (die Gruppe von Tieren, zu der sie gehören, heißt deshalb auch „Robben“). Erstaunlich, wie schnell sie das manchmal können: plötzlich sind alle fünf Seehunde verschwunden!

Vom Seehund ist in diesem Buch hauptsächlich die Rede.

Ein Seehund wird geboren

Welle auf Welle kam herangerollt und lief auf dem Sand aus – ohne den Seehund zu erreichen, der hoch auf einer Sandbank lag. Nur der Wind strich sanft über sein Fell. Ab und zu ging ein Zucken durch den Leib, unruhig wälzte sich das Tier hin und her, und nachdem eine Welle etwas höher aufgelaufen und wieder zurückgerollt war, lagen dort zwei Seehunde.

Ich bin Susi – ich fühle mich schon wohl in der Seehundstation.

Ein kleiner Seehund hatte das Licht der Welt erblickt. Groß und dunkel sahen seine zwei Augen über das weite Wattenmeer. Nur Wasser und Sand waren zu sehen. Darüber ein Himmel mit einer Sonne, deren Licht sich immer mehr verschleierte. Der junge Seehund wußte noch nicht, daß dieses Vorzeichen für sein Leben eine große Bedeutung haben würde.

Die Flut kam zurück, den ewigen Gesetzen dieser Erde gehorchend, welche das Wasser zwingt, sich zweimal in 24 Stunden zurückzuziehen, um dann wieder ins Wattenmeer zurückzukehren. Die Geburt hatte bei Ebbe stattgefunden – alle Seehunde werden bei Ebbe an Land geboren, die Mütter haben die ungewöhnliche Fähigkeit, so lange abzuwarten (die Geburt hinauszuzögern), bis eine Sandbank freiliegt.

Immer höher stieg jetzt aber das Wasser, mit der Flut wurde auch der Wind stärker, die Sonne war in einer Wolkenbank verschwunden. Unruhig geworden,

Liebevoll betreut die Seehundmutter ihr Jungtier.
Im Sommer in den Monaten Juni/Juli werden die Seehundjungen im Wattenmeer auf einer Sandbank geboren.
Es wiegt bei der Geburt zwischen 7 und 15 kg und ist etwa 80 cm lang.
Mehrmals während einer Ebbezeit muß das Jungtier gesäugt werden, damit es nach der Säugezeit von etwa fünf Wochen über 20 kg wiegt.
Im August verlassen die Mütter ihre Jungen, diese müssen sich dann selbst ernähren und Fische fangen lernen – in den ersten Wochen fressen sie allerdings erst einmal Garnelen (Krabben).

rutschte die Seehundmutter ins Wasser. Sie spürte das kommende Unwetter, doch ihr Junges wollte nicht folgen, ängstlich blieb es an der Wasserlinie zurück. Kurz entschlossen robbte die Mutter wieder auf den Sand und stupste und schob ihr Junges ins Wasser – sieh da, schwimmen konnte der Kleine, doch als die Mutter bei ihm auftauchte, klammerte er sich an ihrem Rücken fest, ängstlich bemüht, nahe bei der Mutter zu bleiben.

Friedlich liegen die Seehunde auf einer Sandbank im Wattenmeer.

Gegen den Strom mußte die Seehündin mit ihrem Nachwuchs schwimmen. Ihr Ziel war die Vogelinsel Memmert. Hier im Schutze der Insel hoffte sie, ruhigeres Wasser zu finden. Doch sie mußte das tiefe Seegatt durchqueren („Seegatt“ nennt man die befahrbare enge Rinne zwischen Inseln).

Jetzt fing es an zu regnen. Das Gewitter hatte das Wattenmeer erreicht. Der Wind war zu einem Sturm geworden. Höher und höher stiegen die Wellen.

Die Seehunde mußten die Sandbank schnell verlassen – an den Spuren deutlich erkennbar –, weil sie durch eine Störung (Wattwanderer, Boote, Flugzeuge ?) von hier vertrieben wurden.

Immer wieder verschluckten sie die beiden Seehunde. Gerne wäre die Seehündin tief ins ruhigere Wasser getaucht, aber ihr Junges konnte nicht lange unter Wasser bleiben, und so mußten sie immer wieder auftauchen und die Nase in die Luft stecken, um zu atmen.

Sie hatten die Hälfte des Seegatts schon durchquert, als nach dem Durchschwimmen eines Wellenberges der Junghund vom Rücken seiner Mutter plötzlich verschwunden war. Mit einer schnellen Drehung ihres ganzen Körpers suchte die Hündin ihr Jungtier wiederzufinden, aber in der sturmgepeitschten See war das vergeblich.

Die Strömung trieb das hilflos den Naturgewalten ausgesetzte Jungtier fort. Als nach Stunden der Sturm vorüber war, suchte das Muttertier noch tagelang nach ihrem Kind, hielt den Kopf weit aus dem Wasser, um zu lauschen, ob nicht ein Heulton ihres Jungen zu hören war. Über 30 Kilometer entfernt im Schlickwatt der Leybucht hinter einer Buhne versteckt lag das Jungtier, so weit hatte die Strömung es getrieben. Jämmerlich „heulte" der junge Seehund und rief nach seiner Mutter, denn er war hungrig und fühlte sich so allein. Aber hier konnte seine Mutter ihn nicht hören und nicht wiederfinden.

Ein „Heuler" wird gefunden

Maike und Enno – zwei Friesenkinder vom Deich – aber hörten die Rufe, und sie wußten sofort, was sie bedeuteten, denn mit ihrem Lehrer waren sie doch vor ein paar Wochen erst in einer Seehundaufzuchtstation gewesen. Und dort hatte man ihnen erklärt, was ein „Heuler" ist, und was man machen müßte, wenn man so ein hilfloses Tier findet. „Da liegt er", rief Enno, und Maike sagte: „Wir dürfen ihn nicht anfassen, wir müssen schnellstens telefonieren".
Sie rannten nach Hause und suchten die Telefonnummer der Seehundaufzuchtstation aus dem Telefonbuch heraus: (0 49 31) 89 19 wählten die Kinder, und am anderen Ende der Leitung hörten sie eine Stimme: „Hier ist die Seehundaufzucht- und Forschungsstation in Norden-Norddeich!"

„Wir haben einen Seehund gefunden", aufgeregt und etwas durcheinander berichteten die Kinder von ihrem Fund. Erst nach ein paar Rückfragen wußte der Mann in der Station Bescheid. „Wir kommen sofort, bleibt bitte oben am Deich", gab er den Kindern noch eine Anweisung. Ungeduldig warteten die Kinder, es konnte ihnen nicht schnell genug gehen.

Endlich kam ein Auto, zwei Männer entluden einen großen Wäschekorb und packten den „Heuler" da hinein.

„Da soll er hinein?" fragte Maike erstaunt. „Muß er denn nicht Wasser haben, habt ihr denn keine Badewanne oder so etwas mitgebracht?"

„Nein", lachte der eine der Männer. „Der Wäschekorb ist besser. Im Wasser muß der kleine Seehund dauernd seinen Kopf aus dem Wasser halten, er ist doch kein Fisch, und vielleicht muß er noch schwimmen, und dazu ist er schon viel zu schwach, wir müssen ihn erst aufpäppeln. Paß auf,

SEEHUND-AUFZUCHTSTATION NORDEN
DER LANDESJÄGERSCHAFT NIEDERSACHSEN

Lfd. Nr. 3/95 **„Heuler"-Karteiblatt** **Jahr** 1995

BLATT Nr. 1

1. Finder: Enno und Maike **Adresse:** Neuwesteel

Funddatum: 23.6.92 Uhrzeit: 12^{00}

Fundort: Leybucht

2. Anlieferer: Mitarbeiter der Station

angeliefert am: 23.6.95 Uhrzeit: 13^{00}

3. Wetter bis ca. 6 Tage vor dem Fund: Gewittersturm

4. Angaben zum Tier:

a) Geschlecht: weiblich Marke:

b) Altersschätzung: 3 Tage Name: SUSI

c) Nabelschnur: vorhanden wann ab: 26.6.92

Nabelzustand: normal

d) Maße: Nasen- bis Schwanzspitze: 81 cm (Gestreckter Hals)

Brustumfang: 57 cm (hinter Vorderflosse)

Gewicht: 8,7 kg

e) Stand der Bezahnung:

f) Allgemeiner Zustand: gut

g) Besonderheiten: Verletzungen, Embryonalhaar, Fellzeichnung

keine

wir laden den Korb sogar aufs Dach, da hat Euer Seehund es schön luftig."

„Es ist ein weibliches Tier, wißt Ihr einen Mädchennamen dafür?" fragte dann der andere Mann. „Wer den Heuler gefunden hat, darf ihm einen Namen geben, das machen wir immer so."

„Susi, wie unser Hund, den wir mal hatten und der gestorben ist", sagten die Kinder.

„In Ordnung", meinte der Mann und trug in ein Karteiblatt mit großen Buchstaben „SUSI" ein. Dann fuhr das Auto mit dem Wäschekorb auf dem Dach und der kleinen Heuler-Seehündin darin fort.

Hilflos im Schlickwatt der Leybucht liegt hinter einer Buhne ein junger Seehund. 20 Kilometer von seinem Geburtsort entfernt hat die Flut ihn angespült.

Hier kann die Mutter Susi nicht wiederfinden, sie wäre verhungert, hätten Enno und Maike sie nicht entdeckt und die Mitarbeiter in der Seehundaufzuchtstation sie nicht in Pflege genommen.

Susi wird versorgt

In der STATION kommt „Susi“ zuallererst auf die Waage. „Acht Kilo und siebenhundert Gramm!“, ruft der Tierpfleger Fritz, und seine Helferin Anne trägt die Zahl auf dem Karteiblatt ein. Dann wird mit einem Zentimeterband die Länge gemessen, von der Nase bis zum Schwanzende: 81 Zentimeter sind es. Und schließlich wird gleich hinter den Vorderflossen der Umfang gemessen: 57 Zentimeter; das ist nicht viel, „Susi“ ist schon abgemagert in der kurzen Zeit.

Aber essen darf sie noch immer nichts. Jetzt kommt erst die Tierärztin und untersucht die kleine Heulerin. Zum Glück ist sie noch ganz gesund. Nicht einmal eine Hautabschürfung ist zu entdecken.

„Beinahe hätten wir das Armband vergessen!“ meint Anne dann plötzlich. Sie nimmt einen Plastikstreifen, schreibt darauf SUSI und befestigt

In der Station wird Susi erst einmal gereinigt und dann gewogen und gemessen. Alle Daten werden auf einem Karteiblatt aufgeschrieben.

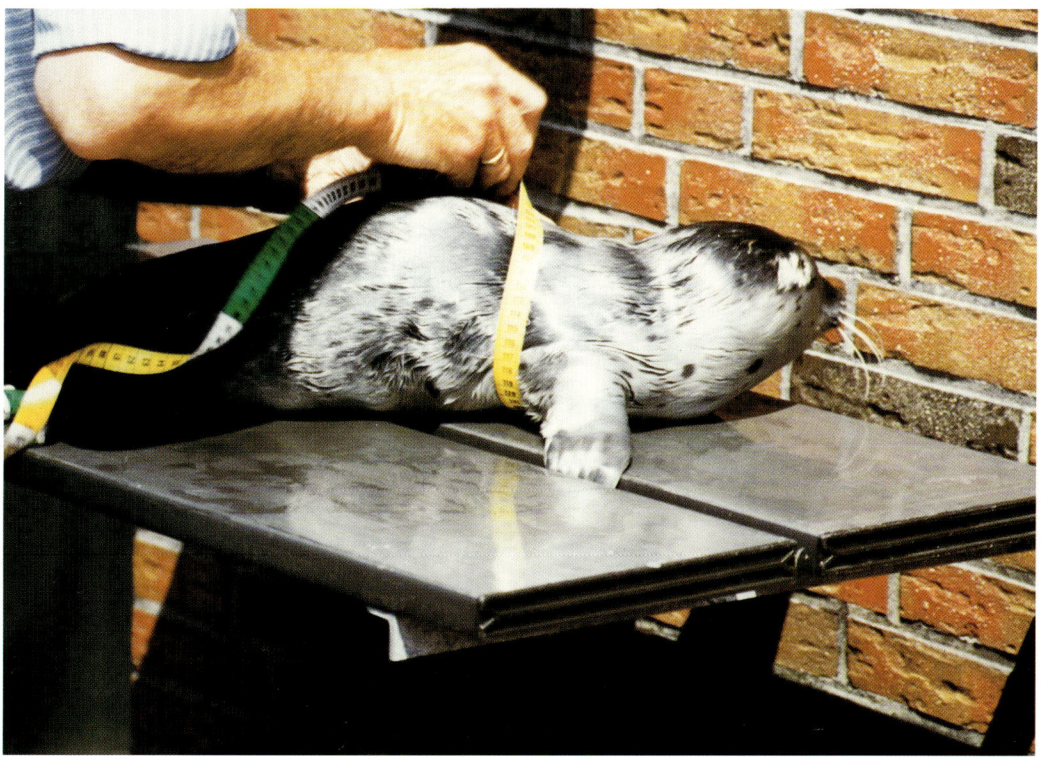

Anna bereitet den Heringsbrei zu, der die Seehundmuttermilch ersetzt.

ihn um die linke Hinterflosse – also eigentlich ein „Flossenband“. Das sieht fast genauso aus wie bei den neugeborenen Babys in einem Krankenhaus. Damit man sie nicht verwechselt!

Dann endlich darf „Susi“ etwas essen. Als erste Mahlzeit bekommt sie ein bißchen Flüssigkeit mit Haferflocken. Damit sie nicht verdurstet, aber der Magen schon etwas zu arbeiten hat.

Die Mitarbeiter der Station haben da ein Problem, das sie mit allen Heulern haben: Susi ist ein Säugling und müßte eigentlich die sehr fettreiche Muttermilch bekommen, aber die haben die Leute in der Station nicht und können sie auch nicht künstlich herstellen, und so müssen sie versuchen, die kleinen Heuler mit Heringsbrei zu ernähren. Nach vielem Herumprobieren haben sie herausgefunden, wie sie es am besten machen und welchen Hering sie nehmen müssen – nur vom Feinsten!

Einfach ist das aber nicht mit dem Füttern. Kein Heuler frißt am Anfang selber, auch Susi nicht. Sie müssen alle mit der Magensonde gefüttert werden: Ein langer, dünner Schlauch wird vorsichtig durch das Maul bis in den Magen geschoben. Am hinteren Ende ist ein Trichter befestigt, hier kann der Heringsbrei eingefüllt werden. Dann wird noch ähnlich wie beim Melken über den Schlauch gestrichen, bis der ganze Brei in den Magen gepumpt ist.

5- bis 7mal am Tag muß jetzt die Susi gefüttert werden, denn ihr kleiner Magen kann immer nur eine geringe Portion verdauen. Sorgfältig wird auf einer Briefwaage die genaue Menge Fischbrei abgewogen. Mit einem Mixer wird die Nahrung noch zerkleinert und muß dann auf etwa 37 °C erwärmt werden (als Säugetier hat der Seehund, wie alle anderen Säugetiere auch, eine Körpertemperatur von 37 °C).

Wichtig ist auch die häufige Untersuchung durch die Tierärztin.

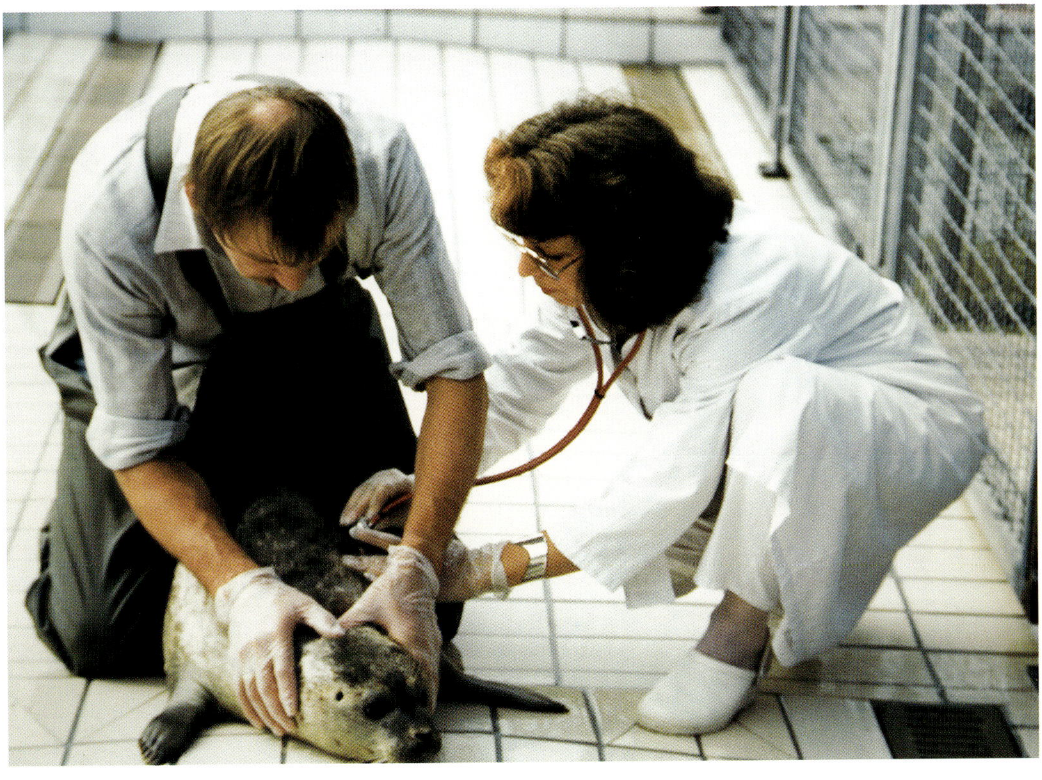

Hering „vom Feinsten"

Die Mitarbeiter der Seehundstation haben eine Weile herumprobieren müssen, bis sie wußten, wie sie die kleinen Heuler am besten ernähren.

Milch sollte es eigentlich sein, aber Kuhmilch vertragen die Seehundbabys nicht so gut – die Milch der Seehundmutter ist sehr fettreich, wie genau sie zusammengesetzt ist, weiß man aber nicht, also kann man sie auch nicht „nachahmen".

Die Leute der Station probierten es mit allen möglichen Fischarten – nur mit Hering geht es, fanden sie heraus. Aber es muß Hering der allerbesten Qualität sein; er muß bereits auf See gleich nach dem Fang gefrostet werden und kommt tiefgekühlt direkt in den Gefrierraum der Station.

Natürlich kann ein solches Seehundbaby noch keinen Hering schlucken, es muß den Hering als halbflüssigen Brei bekommen.

Deshalb werden die Heringe vorher durch den Fleischwolf gedreht – das läßt sich am besten machen, wenn sie innen noch ein bißchen vereist und folglich hart sind. Unmittelbar vor dem Füttern wird etwas Wasser hinzugefügt und das Ganze mit einem Mixer im Schnellauf umgerührt. Dann muß der Brei noch auf genau 37 Grad erwärmt werden.

Jeder Heuler bekommt seine eigene Mischung in einem besonderen Becher, der mit seinem Namen beschriftet ist, damit nichts verwechselt werden kann. In den Brei kann auch Medizin „hineingeschmuggelt" werden –

vor dem Umrühren mit dem Mixer –, denn Tabletten würden die kleinen Seehunde natürlich auch nicht schlucken. Hinterher muß alles peinlich sauber gemacht werden.

Fünf bis sieben Mahlzeiten pro Tag, jeweils von drei oder mehr Heringen – da kommt eine ganze Menge zusammen. Zwischen 5 000 und 10 000 Kilogramm verbraucht die Station in jedem Jahr.

Meistens werden die Seehunde mit dem Auto transportiert. Wenn es ganz schnell gehen muß, springt auch schon mal die Polizei mit einem Hubschrauber ein.

Susi lernt sich selber zu versorgen

So wird es anfangs gemacht: Fünf- bis siebenmal am Tag muß der „Heuler" mit einer Magensonde gefüttert werden. Ganz behutsam müssen die Tierpfleger die Fütterung durchführen, damit kein Futterbrei in die Luftröhre kommt; der Seehund müßte dann ersticken.

Rechte Seite: Jetzt hat Susi es schon gelernt, einen ganzen Fisch zu fressen.

Natürlich kann der Seehund auf die Dauer nicht nur von Brei leben. Er soll ja später ganze Fische fangen – und das muß man ihm mühsam beibringen.

Nach gut einer Woche wird Susi versuchsweise ein ganzer Hering in die Schnauze gestopft. Sie muß jetzt das Schlucken lernen. Es klappt!

Schon bald frißt sie pro Mahlzeit vier bis sechs Heringe, wenn man sie ihr ins Maul schiebt.

Aber noch holt sie die Fische nicht selbständig aus dem Wasser. Um sie daran zu gewöhnen, wirft Tierpfleger Fritz ihr immer auch ein paar Heringsstücke ins Wasser.

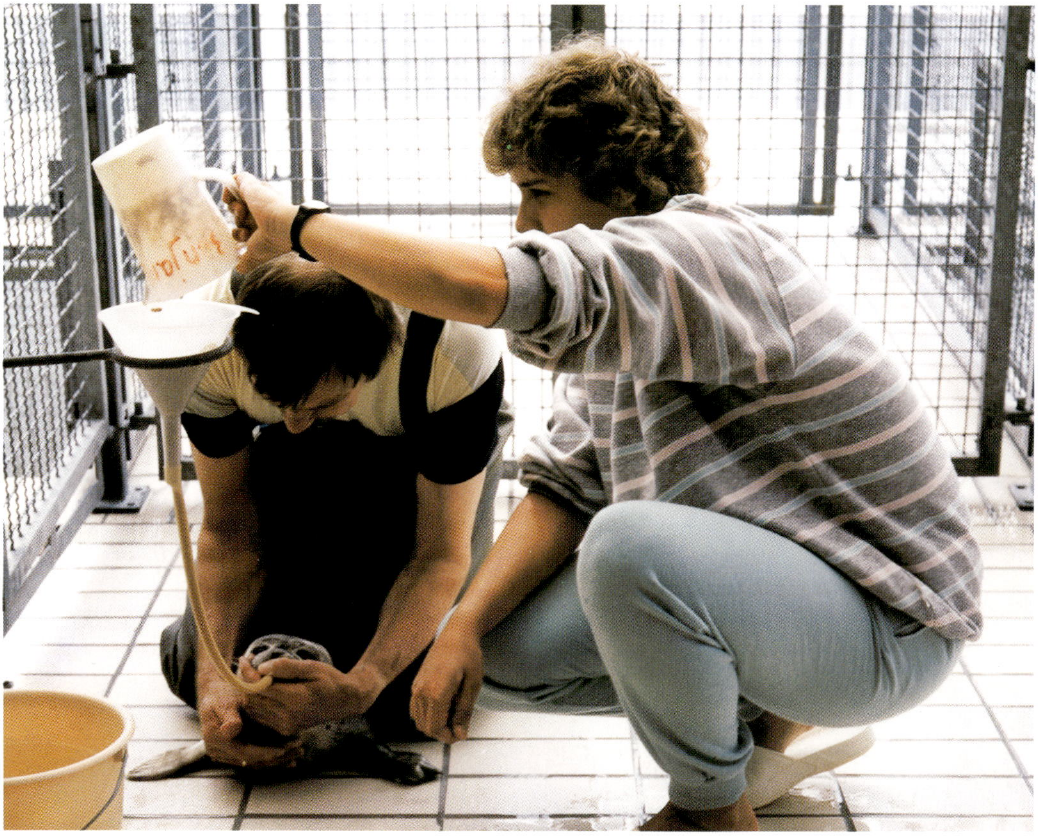

Linke Seite:
Solange der Seehund noch ein Säugling ist, muß der Tierpfleger die Mutter ersetzen. Dazu gehört auch, daß er dem kleinen Seehund einmal die Schnauze streichelt.

Kai ist ein stolzer Ostfriese geworden. Wie ein Boxer steht er in seiner Ecke.

Einmal einen Seehund streicheln, das ist der Wunsch vieler Kinder und auch von älteren Besuchern einer Seehundaufzuchtstation. Aber dieser Wunsch kann an einem lebenden Seehund nicht erfüllt werden, denn die Seehunde, welche in einer Aufzuchtstation gepflegt werden, sollen so wenig wie möglich mit den Menschen in Berührung kommen. Sie sollen möglichst wild bleiben, damit sie wieder in die Nordsee zurückgebracht werden können. Außerdem können sie gefährlich zubeißen; davor müssen auch die Tierpfleger sich in acht nehmen.

So müssen in der Norddeicher Station die Besucher hinter einer Glaswand bleiben, können aber die Seehunde den ganzen Tag beobachten – beim Füttern und der Pflege zuschauen – und sich an den Tieren erfreuen.

Erst spielt sie nur damit herum, dann nimmt sie sie auch schon einmal in den Mund, und bald merkt sie auch, daß man die Fischstücke herunterschlucken kann und daß sie gut schmecken.

Nach etwa drei bis vier Wochen hat sie gelernt, tote Heringe alleine aus dem Wasser zu fischen und selbständig aufzufressen.

Eine dicke Fettschicht und etwa 25 kg Körpergewicht muß sie sich mindestens anfressen, damit sie wieder in die Nordsee zurückgebracht werden kann. Die Fettschicht ist notwendig, sie schützt die Seehunde vor der Kälte des Wassers und der Luft. Einmal in der Woche wird gewogen und das Gewicht in die Kartei eingetragen, dann weiß man, wann es soweit ist.

Zwischen 50 und 100 Tage bleiben die jungen Seehunde in der STATION, dann können sie selbständig fischen und sind kräftig genug, um in der Nordsee zu überleben.

Rechte Seite: Abendruhe am Beckenrand.

Zwei, die sich mögen: Auch Freundschaften entstehen in der Aufzuchtstation.

Susi schläft im Wasser – nur die Nase und ein Stück Bauch schauen heraus.

Seehundmutter Anke wurde im März schwerkrank am Deich gefunden. Herz und Lunge waren voller Würmer.

Am 22. Juni bekam Anke in der Station ein Baby. Es wurde auf den Namen Elke getauft.

Das ist Meta, eine freche Silbermöwe. Sie kommt immer, wenn die Seehunde gefüttert werden, um ihnen einen Hering zu stibitzen.

Vier starke Männer sind nötig, um Anke aus dem Becken zu heben. Sie wiegt jetzt über 100 kg. Ende Juli wird sie gesund in der Nähe eines Seehundrudels bei der Insel Norderney wieder ausgesetzt.

Gelegentlich verirren sich auch Wale und Delphine in die Nordsee. Mitarbeiter der Seehundaufzucht- und Forschungsstation bergen hier einen Weißschnauzendelphin, welcher tot in der Nähe der Seehafenstadt Emden angetrieben wurde. Auch hierfür ist die Station Norden-Norddeich zuständig, die alle Nachrichten sammelt und kranke Tiere in Pflege nimmt. Die Station gilt als staatlich anerkannte Pflegestelle für alle Meeressäuger.

Susi kehrt zurück ins Meer

Alle Seehunde, die in der Station Norden-Norddeich aufgezogen wurden, werden in die Freiheit entlassen – „ausgewildert“ –, sobald sie gesund und kräftig sind. Hier wird Susi gerade mit einigen anderen zusammen zu einer Sandbank gebracht – ihre erste und letzte Schiffahrt.

Heute ist es soweit: Susi soll mit einigen anderen ehemaligen Heulern zusammen in die Nordsee zurückkehren. Ungefähr drei Monate ist sie in der Station gewesen.

Das Schiff, das sie hinausbringen soll, liegt am Kai bereit. Einige Gäste dürfen mitfahren und sind schon ganz gespannt, was ihnen bevorsteht.

Die Seehunde liegen vorne im Bug auf dem offenen Deck – etwas nervös natürlich, denn auch für sie ist das ja alles neu.

Jedes Tier hat einen Buchstaben und durch Gefrierbrand eine Nummer bekommen, damit man es später wiedererkennt. „P 6“ heißt Susi jetzt.

Zuerst werden die Tiere, die ausgewildert werden sollen, in einem Gehege auf der Sandbank versammelt. Alle wurden vorher mit roter Farbe gekennzeichnet.

Nach einer längeren Fahrt kommt das Schiff zu einer Sandbank bei der Vogelinsel Memmert. Es fährt möglichst dicht heran. Die Helfer packen die Seehunde jeweils in einen Wäschekorb (ob Susi sich daran erinnern kann?) und schleppen sie darin auf die Sandbank. Dort haben andere Helfer bereits ein kleines Gehege aus Maschendraht aufgestellt, jeder Seehund kommt zunächst dort hinein. Jetzt bekommen die Seehunde noch einen roten Farbfleck auf den Rücken.

Als alle Tiere im Gehege sind, fährt das Schiff davon, es wird die Helfer später wieder abholen.

Dann wird das Gehege geöffnet. Die Seehunde sehen richtig verdutzt aus, sie prüfen mit ihren Nasen, „ob die Luft rein ist“, und rutschen dann über den Sand bis ins Wasser. Jetzt schwimmen alle im Wasser, man sieht nur noch ihre Köpfe. Bald sind auch die verschwunden.

Wer weiß, wo sie jetzt schwimmen?

Susi wurde noch einmal gesehen. An ihrer Markierung „P 6" konnte sie wiedererkannt werden.

Susi wurde noch einmal gesehen. Mitte September sah ein Segler bei der Insel Borkum auf einer Sandbank einen Seehund liegen. Ihm fiel die rote Farbe auf. Mit seinem guten Fernglas konnte er die „P 6" erkennen – er meldete sich bei der Station und erfuhr, daß es sich hier um Susi handelte.

Ihre Rettung war erfolgreich!

Seehundzählungen

Im Sommer werden in der Nordsee die Seehunde vom Flugzeug aus gezählt.

Man möchte gerne wissen, wie viele Seehunde in der Nordsee leben und wie viele Jungtiere sie zur Welt bringen.

Zur Zeit der Ebbe, wenn viele Sandbänke im Wattenmeer trocken gefallen sind, starten die Mitarbeiter der Seehundaufzucht- und Forschungsstation zu einem Zählflug. Um die Seehunde nicht zu stören, überfliegen sie in etwa 200 Meter Höhe das gesamte Wattenmeer. Jeder mögliche Liegeplatz wird angeflogen, und wenn Seehunde auf dem Sand liegen, wird ihre Anzahl genau auf einer Karte eingetragen.

Natürlich achten die Mitarbeiter auch auf andere Robbenarten, wie z. B. Kegelrobben.

Mutwillige Störungen der Seehunde durch Boote, Flugzeuge oder Wattwanderer werden über Funk sofort der Wasserschutzpolizei gemeldet.

Ölverschmutzungen sowie andere Gefährdungen des Wattenmeeres werden den zuständigen Stellen ebenso gemeldet wie größere Ansammlungen von Vögeln, z. B. Eiderenten.

1975 zählte man im Niedersächsischen Wattenmeer nur noch 1000 Seehunde; dank den Bemühungen der Seehundaufzucht- und Forschungsstation waren es 1988 schon wieder 2 500 Tiere.

Die Seehundstaupe 1988 kostete über 8000 Seehunde in der Nordsee das Leben.

Erfreulicherweise steigt der Seehundsbestand wieder an.

1995 zählte man in Niedersachsen 3214 Seehunde, in Schleswig-Holstein 3745, in den Niederlanden 1410 und in Dänemark 1610.

Warum es sich lohnt ...

Alle ehemaligen Heuler der Station Norddeich werden, wenn sie gesund und kräftig sind, wieder in der Nordsee ausgesetzt – „ausgewildert“, wie man sagt.

Bedingung ist, daß sie mindestens 25 kg wiegen, selbständig fischen können und keinen körperlichen Mangel aufweisen.

Natürlich haben sich die Mitarbeiter und Mitarbeiterinnen der Station immer wieder gefragt, ob das sinnvoll ist, was sie da tun, ob sie Erfolg damit haben können (es könnte ja auch sein, daß die ausgewilderten Seehunde gleich sterben oder zu zahm geworden sind).

Forscher haben aber folgende Ergebnisse bei den hochgepäppelten Heulern herausgefunden:

Sie gesellen sich ohne weiteres zu einer Seehundgruppe und liegen mit den anderen zusammen auf den Sandbänken.

Sie wandern genauso wie andere Jungtiere, meist westwärts.

Sie lernen sehr schnell im Watt das selbständige Fischen.

Sie überstehen sogar kurz nach dem Aussetzen schwere Sturmfluten.

Und sie sind ganz normal fortpflanzungsfähig (mehrfach wurden ehemalige Heulerweibchen trächtig oder mit Jungtier gefunden).

Was für ein Tier ist der Seehund?

Der Seehund ist – wie Du sicher längst weißt – ein im Meer lebendes Säugetier und hat mit Fischen gar nichts zu tun (außer, daß er sie frißt).

Der Seehund gehört wie Wolf und Hund zu den Fleischfressern.

Außerdem zählt der Seehund zu der Gruppe der Flossenfüßler (Pinnipedia).

Die Flossenfüßler sind unterteilt in drei Familien, achtzehn Gattungen und vierunddreißig Arten.

Die 1. Familie bilden die Ohrenrobben – dazu gehören die Seebären und die Seelöwen.

Die 2. Familie besteht allein aus den Walrossen.

Die 3. Familie bilden die Hundsrobben – dazu gehören unsere Seehunde, die Kegelrobben und die Ringelrobben.

Wir gehen heute davon aus, daß der Seehund 30 bis 40 Jahre alt werden kann.

Ein ausgewachsener Seehund kann über 100 kg wiegen und etwa 180 bis 200 cm lang werden.

Die Seehunde fressen hauptsächlich Fische, besonders Plattfische wie Scholle, Seezunge, Kliesche, Steinbutt. Wie viele Fische sie täglich fressen, ist unbekannt.

Die Paarung ist im August. Im Kampf um die Weibchen gibt es unter den männlichen Tieren große Beißereien mit gefährlichen Wunden, die aber im Salzwasser schnell wieder verheilen.

Die Tragzeit beträgt rund 11 Monate.

Vieles am Seehund muß noch erforscht werden, wie z. B. Tauchtiefen, Tauchdauer, Wanderungen, Fischverbrauch, Paarungsverhalten, Alter, Ansprüche an den Lebensraum.

Wer ein Tier schützen will, muß seine Lebensgewohnheiten kennen.

Blick von oben auf die Seehundaufzucht- und Forschungsstation Norden-Norddeich.

LANDESJÄGERSCHAFT NIEDERSACHSEN
Helft uns-
sie zu erhalten!

Die Seehundaufzucht- und Forschungsstation Norden-Norddeich

mit dem angegliederten Nationalparkzentrum Norddeich

1971 wurde in Norden am Schwanenteich mit der Aufzucht von mutterlosen Seehunden begonnen.

1980 wurde in Norddeich eine große und moderne Aufzuchtstation in Betrieb genommen, welche 1988 um eine Forschungsabteilung, ein großes Auswilderungsbecken und eine Isolierstation erweitert wurde.

1992 wurde das angebaute Nationalparkzentrum eröffnet.

1995 wurde zusätzlich eine Vogelpflegestation eingerichtet, um insbesondere ölverschmierten Vögeln zu helfen.

Die STATION ist zuständig für das gesamte Niedersächsische Wattenmeer. Die Aufgaben sind:

- Pflege und Aufzucht von kranken und mutterlosen Seehunden und anderen Meeressäugern wie Kegelrobben, Ringelrobben, Klappmützen usw.
- Zählungen und Überwachung und Schutz der Seehundbestände im Wattenmeer
- Untersuchungen an toten Seehunden und anderen Meeressäugern wie Wale und Delphine
- Forschung an Seehunden und an seinem Lebensraum
- Information der Besucher: Vorträge, Führungen, Bücher, Dokumentationen.

Die Seehundaufzucht- und Forschungsstation ist eine Einrichtung der Landesjägerschaft Niedersachsen.

Lektorat:
Dr. Helge Mücke, Hannover

Gesamtherstellung:
Landbuch-Verlag GmbH, Hannover

ISBN 3 7842 0524 0